개인의 놀이를 뛰어넘어
공동체가 함께 즐기는 놀이가 바로 축제예요.
제천(祭天) 행사는 다양한 놀이가 펼쳐진
대표적인 축제였지요.

이러한 축제를 통해 사람들은 서로
위로하고, 격려하고 음식을 나누어 먹으면서
너와 나의 벽을 허물고 하나가 됐습니다.
풍어제는 어촌 마을의 안녕을 빌고
고기를 많이 잡기 바라는 제천 행사이자,
한바탕 서로 어울리는 전통문화 축제랍니다.

세계문화유산
우리 풍어제

김상수 글 | 배진희 그림

오랜 옛날부터 섬사람들은 바다를 두려워했어요.
넓고 푸른 바다는 엄마 품처럼 잔잔하다가도
금방 성을 내고 거센 파도를 일으키거든요.
그래서 어촌에서는 해마다 무사히 고기를
잡게 해 달라고 '풍어제'를 지냈어요.

풍어제는 마을을 지켜 주는 서낭신과
바다를 다스리는 용왕님께 비는 마음이에요.
새해가 밝으면 올해도 고기를 많이 잡기 바라며
먼저, 울긋불긋 오색 만선기로 고깃배를 단장해요.
우리가 설날 어른들에게 세배를 올리기 전에
몸을 단장하고 새 옷으로 갈아입듯,
풍어제를 지낼 때에도 배를 단장하는 거예요.
만선기는 원래 바다에서 고기를 잡고 돌아올 때
'고기를 배 가득 잡았으니 내릴 준비를 하라!'는
표시로 단대요.

새해 설날이니, 고향을 찾아온 가족들과 함께
떡국도 먹고 윷놀이도 하며 즐거운 시간을 보냅니다.
이튿날에는 마을 사람들 모두가 풍어제를 위한
준비를 시작하지요.
사람들은 마을 언덕에 있는 서낭당부터 찾아가
깨끗하게 청소해요.

서낭당
서낭당은 마을의 수호신인 서낭신을 모셔 놓은
곳이에요. 보통 마을 입구나 높은 산에
세워 놓는데, 그 곁에는 오래된 나무나
장승이 서 있기도 합니다.

"꽤개갱 갱갱, 둥두둥 둥둥."
서낭당 청소가 끝나면 어부 아저씨들은 마을로 내려와
알록달록 풍물패 옷으로 갈아입고 꽹과리, 징, 북, 장구를
연주하며 마을을 돌아다녀요. 집집마다 들러 올 한 해도
좋은 일만 생기라고, 고기 많이 잡으라고 복을 빌면,
모두들 감사해 하며 돈이나 곡식, 생선 등을 내놓아요.
이렇게 마을에서 모은 돈과 음식으로 풍어제를 지내지요.

다음 날 아침, 하늘은 맑게 개고 파도도 잠잠합니다.
아주머니들은 마을회관에 모여 솜씨를 뽐내며 음식 장만에
여념이 없어요. 풍어제를 지낼 때 제상에 올릴 음식도,
마을 사람들과 멀리서 구경을 온 관광객들이
먹을 음식도 마련하려면 정성도 정성이지만,
모자라지 않게 풍성하게 준비해야 하거든요.

음식 준비가 어느 정도 마무리되면, 어부 아저씨들은
배에 달았던 만선기를 빼 들고 서낭당으로 갑니다.
정성껏 만든 제사상에 올릴 음식도 지게에 그득하게 싣고
흥겹게 노래하며 올라가요.

"에 에헤 에헤야 에 에헤야

바람이 불었네. 바람이 불어.

에 에헤 에에헤야 에 에헤야."

서낭당에 제사 음식을 차려 놓으면 이제부터가 본격적인
풍어제랍니다. 만신 할머니가 당산굿으로 시작해서
산신굿, 지신굿 등 열두 거리 굿을 해요.

"조기를 많이 잡게 해 주세요."
"바다에서 풍랑을 만나지 않게 해 주세요."
"올 한 해 마을 사람들 모두 보살펴 주세요."

무슨 굿을 이렇게 많이 하냐고요? 만신 할머니는 여러 신에게
사람들의 소원을 대신 빌어 주는 사람이니까,
마을 사람 모두를 위해 많은 소원을 비는 거랍니다.
만신 할머니가 이렇게 굿을 하는 동안 어부 아저씨들도
한데 어울려 소원을 빌고,
흥겹게 노래도 해요.

"얼씨구 좋다, 지화자 좋다."

서낭당에서 굿이 끝나면 만신 할머니와 풍물패는 다같이
마을로 내려가요. 집집마다 작은 상에 음식을 차려 놓고
만신 할머니와 풍물패를 맞이하지요. 풍물패와 만신 할머니는
집집마다 차례로 돌면서 다시 한번 나쁜 기운을
쫓아내고 복을 기원해요.

마을을 다 돌고 나면 마을 사람들과 함께 선창으로 가요.
그러면 만신 할머니는 배 위에서 또 한 번 큰 소리로 복을 빌고
장단에 맞추어 노래도 부르고 춤도 춰요. 마을 사람들도
간절한 소망을 담아 절을 올리고 함께 춤을 추기도 해요.
그만큼 간절한 마음으로 계속해서 복을 비는 거예요.

굿이 끝나면 만신 할머니가 '복떡'을 나누어 주는데,
이 복떡을 먹으면 서낭신, 용왕신의 복을 얻을 수 있대요.
사람들은 만신 할머니에게 감사해 하며 즐겁게 음식을 나누어 먹어요.
바닷가 마을의 고기잡이는 서로 도와야하는 일이에요.
이렇게 함께 풍어제를 지내면 마을 사람들끼리
더욱 친해져 고기잡이도 더 잘할 수 있답니다.

바다에 나가 고기를 많이 잡는 일은 모든 어부의 소망이에요.
그래서 그해의 '풍어왕'을 점치는 '뱃기경쟁'을 합니다.
어부 아저씨들이 산꼭대기 당산에 가지고 올라갔던 만선기를
누가 제일 먼저 가지고 내려와 배에 꽂는지 내기하는 거예요.
풍어왕이 되면 그해 고기를 가장 많이 잡게 된다고 해요.
그러니 있는 힘, 없는 힘 다해 깃발을 들고 배로 달린답니다.

이제 바닷가로 모인 사람들이 띠배를 띄울 차례예요.
띠배는 '띠'라고 하는 풀로 만든 배예요. 이 띠배에는
짚으로 만든 허수아비 선장과 선원들을 태워요.
마을의 나쁜 기운을 모두 띠배에 싣고, 먼바다로
실려 나가도록 하려는 거지요. 밀물이 되어 바닷물이
찰랑거리면, 마을에서 가장 큰 배가 띠배를 매달고
바다로 나가요.
풍물패는 북 치고 꽹과리 치며 흥을 돋우면서, 띠배와
허수아비 선원들이 먼바다까지 잘 나가라고 응원하지요.

"어낭청 가래야,
이 가래가 뉘 가랜가,
어낭청 가래야."

"어화, 술배야, 돛을 달고서
아화, 술배야, 노를 저으며…"

띠배를 단 큰 배는 마을 앞바다를 한 바퀴 돈 다음
먼바다를 향해요. 마을 사람들의 바람을 싣고 가다가
옛날부터 고기가 많이 잡힌다고 전해 오는 바다를 지날 때,
어부 아저씨들이 띠배를 풀어 주지요.

띠배를 풀어 준 큰 배가 다시 포구로 돌아오면,
만신 할머니는 그 배를 돌아다니며 올 한 해도 고기를
많이 잡게 해 달라고 다시 복을 빌고, 마을 사람들은
음식을 나눠 먹으며 흥겨운 잔치를 계속합니다.

아, 풀어 준 띠배가 두둥실 저 혼자
파도를 타고 떠나가면 절대 돌아보면 안 된대요.
이것은 예로부터 전해오는 약속이랍니다.
이렇게 풍어제는 바닷가 마을 사람들이 함께
정성껏 음식을 준비해서 안녕을 기원하고,
한바탕 즐기는 우리의 전통 축제예요.
풍어제를 함께 지내며 사람들은 서로 정을 나누고,
거친 바다에서 고기잡이를 할 수 있는 용기를 얻어요.
우리의 전통문화 유산이자, 오늘날 우리 어촌의 삶이
바로 풍어제랍니다.

우리 어촌의 축제 풍어제

　풍성할 '풍' 자에 물고기 잡을 '어' 자를 쓰는 풍어제(豊漁祭)는 어민들이 물고기를 많이 잡고, 안전을 기원하는 일종의 제례입니다. 풍어제는 우리나라 남해, 서해, 동해의 바닷가 마을에서 열리는 전통 축제예요. 이 책에서는 서해안 위도 대리마을에서 열리는 풍어제를 중심으로 지역마다 조금씩 다른 풍어제를 합치고 각색하여 꾸몄어요. 대리마을 풍어제는 '위도띠뱃놀이'라고도 하는데, 국가에서 중요무형문화재(제82-다호)로 지정했을 정도로 유명해요. 오랜 옛날부터 우리 어촌에 전해 내려오던 풍어제가 점점 사라지고 있지만, 대리마을 사람들은 오늘날까지도 해마다 꿋꿋이 풍어제를 지내고 있답니다.

한바탕 어울리는 마을 축제

　개인의 놀이를 넘어 공동 구성원이 함께 즐기는 놀이가 바로 축제예요. 제천(祭天) 행사는 다양한 놀이가 펼쳐진 대표적인 축제였지요. 이런 무형문화는 세계 인류 문화의 발상기부터 존재했답니다. 벽을 허물고 하나가 되는 축제를 통해 사람들은 정신적 공감대와 결속력을 높였어요. 오늘날에도 이런 축제의 원형이 전해져 브라질 삼바 축제, 에스파냐 투우 축제, 노르웨이 바이킹 축제 등 지방 문화 축제들이 이어지고 있어요. 우리 풍어제도 마을의 안녕을 비는 제천 행사이자 한바탕 서로 어울리는 흥겨운 마을 축제랍니다.

용왕신께 비나이다 풍어를 비나이다

바다는 잠잠했다가도 거친 파도를 일으킵니다. 험한 바다로 나가 고기를 잡는 일은 늘 위험하지요. 그래서 바닷가 사람들은 많은 고기를 안전하게 잡게 해 달라고 풍어제를 지냈어요. 풍어제는 한 해가 시작되는 1월과 2월에 열려요. 주로 나쁜 기운을 떨쳐버리고 복을 기원하는 굿이 중심이 됩니다. 조상을 위한 조상굿, 용왕을 위한 용왕굿, 눈이 밝아지라고 비는 심청굿 등이 벌어지면 사람들은 둘러서서 구경하며 절을 하기도 해요. 풍어제가 열리면 바닷가 마을에는 파도 소리, 풍물 소리, 노랫소리가 울려 퍼지고, 사람들은 흥겹게 어깨춤을 추어요. 마을 사람들은 이렇게 한바탕 먹고 즐기면서 두텁게 정을 쌓았답니다. 이렇게 한마음이 되어 함께 바다로 나가면 무서울 것이 없겠지요?

우리가 보전해야 할 자랑스러운 문화유산

 '위도띠뱃놀이'와 함께 서해안 갯마을의 '대동굿', 동해안과 남해안 어촌의 '별신굿' 등은 중요한 우리의 전통문화로 보전되고 있어요. 강릉의 풍어제인 '단오제'와 제주도 해녀들의 풍어제인 '제주 칠머리당영등굿'은 유네스코에서 지정한 세계무형문화유산이기도 해요.

 요즘은 도시에 사는 사람들도 전통 체험 삼아 많이 구경 와요. 매년 많은 외국인들도 풍어제를 보기 위해 우리나라를 찾아오지요. 우리 풍어제는 미국, 독일, 프랑스, 러시아 등 세계 여러 나라에 초청받아 공연될 정도로 인기를 끌고 있답니다. 앞으로도 우리 모두가 문화유산 풍어제에 관심을 가졌으면 좋겠습니다.

글 · 김상수
어촌과 어부를 주제로 하는 해양수산 전문월간지에서 기자로 출발해 편집장을 지내며 30여 년간 바다를 다녔다. 우리나라와 아시아 어부들의 바닷가 생활과 특유의 어촌민속을 글과 사진으로 기록해오고 있다. 국립문화재연구소에서 발행한 〈위도띠뱃놀이〉 〈황도붕기풍어제〉 〈구계리풍어굿〉의 사진을 찍었으며, 어린이를 위한 저서로는 〈배 저어라 어기여차〉가 있다.

그림 · 배진희
성신여자대학교에서 디자인을 공부했다. 디자인 작업을 하면서 잡지, 사보, 교과서 등에 그림을 그렸다. 아이들을 오랫동안 가르치면서 아이들의 마음을 더욱 잘 이해할 수 있게 되었다. 〈기다려지는 급식 시간〉 〈골목길 따라 동네 한 바퀴〉에 그림을 그렸다.

자랑스러운 우리 문화 · 둘

세계문화유산
우리 풍어제

김상수 글 | 배진희 그림

1판 1쇄 펴낸 날 | 2013년 12월 13일
2판 1쇄 펴낸 날 | 2025년 7월 30일

펴낸이 | 장영재 **펴낸곳** | 마루벌 **등록** | 2004년 4월 1일(제2004-000083호)
주소 | 서울시 마포구 성미산로32길 12, 2층 (우 03983) **전화** | 02)3141-4421
팩스 | 0505-333-4428 **홈페이지** | www.marubol.co.kr

KC인증정보 품명 아동 도서 **사용연령** 4세~9세 **제조년월일** 2025년 7월 30일 **제조국** 대한민국 **연락처** 02)3141-4421 서울시 마포구 성미산로32길 12, 2층 **주의사항** 종이에 베이거나 긁히지 않도록 조심하세요. 책 모서리가 날카로우니 던지거나 떨어뜨리지 마세요.